롤러코스터를 타는 오렌지 재킷

시산맥 기획시선 070

롤러코스터를 타는 오렌지 재킷
시산맥 기획시선 070

───────

초판 1쇄 발행 | 2021년 04월 23일

지 은 이 | 안수아
펴 낸 이 | 문정영
펴 낸 곳 | 시산맥사
편집주간 | 김필영
편집위원 | 오현정 강수 정선
등록번호 | 제300-2013-12호
등록일자 | 2009년 4월 15일
주   소 | 03131 서울특별시 종로구 율곡로 6길 36,
          월드오피스텔 1102호
전   화 | 02-764-8722, 010-8894-8722
전자우편 | poemmtss@hanmail.net
시산맥카페 | http://cafe.daum.net/poemmtss

ISBN 979-11-6243-177-1 03810

값 10,000원

* 이 책은 전부 또는 일부 내용을 재사용하려면 반드시 저작권자와 시산맥
  사의 동의를 받아야 합니다.

* 이 책은 교보문고와 연계하여 전자북으로 발간되었습니다.

롤러코스터를 타는 오렌지 재킷

안수아 시집

* 본문 페이지에서 한 연이 첫 번째 행에서 시작될 때에는 〈 표기를 합니다.

■ **시인의 말**

아버지가 심어주신 책 읽기
참으로 오랜 세월 쌓여

울화로 꽃대 올린 나무 한 그루
세상 밖으로 담담히 내밀어본다.

질척거리던 발걸음이
경쾌한 탭댄스로 바뀌길 바랜다.

2021년 봄

안수아

■ 차 례

1부 INSIDE

감각의 사원 _ 019
패러다이스 수족관 _ 020
해파리 _ 022
네버랜드 _ 024
우리는 안데스를 떠난다 _ 026
설마 _ 028
부비부비 Book+ing _ 030
불시착不時着 _ 032
치터스, 치토스 _ 034
ADHD _ 035
체, _ 036
물병과 대화하는 외톨씨 _ 038
Trapped _ 040

2부 INTO

발아發芽 _ 045

고양이 부에노스아이레스 _ 046

롤러코스터를 타는 오렌지 재킷 _ 048

난쟁이 이야기 _ 050

별 부럽지 않은 아멜리에를 위한 탱탱 레시피 _ 052

프리즘 _ 054

휴일의 카프리스 _ 056

아라베스크 _ 057

잃어버린 고원 _ 058

앵무조개 _ 060

콘트라베이스 _ 062

등나무 요가 _ 064

일요일 오후의 목련 _ 066

3부 ASIDE

C _ 071

피싱주의보 _ 072

어쩌자고 _ 074

기억을 빼놓다 _ 076

누가 벌새를 그렸나 _ 078

만일 _ 080

기타 둥둥 _ 082

파스텔 하우스 _ 083

도도새는 어디로 갔을까 _ 084

8월의 다카포 _ 086

숭어가 흐르는 식탁 _ 089

이상한 U _ 090

사마귀 변주곡 _ 092

4부 OUTSIDE

전어가 돌아왔다 _ 097

스푼여자 _ 098

에이다 _ 100

쫄깃한 알고리즘을 빚다 _ 102

푸른 행성의 아이들 _ 104

유리도시 _ 106

남해에 갈까요 _ 108

하리수 되기 _ 110

그 여름의 Toccata & Fugue _ 112

추어탕 끓이는 저녁 _ 114

밈, 뻐꾸기주의 _ 116

중환자대기실 _ 118

시소 see-saw _ 119

이카루스의 추락 _ 120

■ 해설 | 권 온(문학평론가, 문학박사) _ 123

1부

INSIDE

감각의 사원

가슴을 울리는 사원이
있다 자야바르만 7세가 어머니를 위해
지은 따프롬 사원*, 거대한
뿌리로 몸을 휘감은 자이언트 팜나무가
하늘 높이 치솟아 있다 한쪽
날개 귀퉁이에 있는 공명共鳴의 방, 사람의
가슴을 치면 북소리로 울려 주는
기억을 품은 거푸집이다 거미줄 쳐진
얼굴과 이끼 묻은 볼에도 압사라**는 춤과 노래를
천상으로 올려보냈을까 눈썹이 지워지고
발가락이 뭉그러진 아들, 팜나무를
타고 내려오는 어머니의 근심이
사원을 움켜쥐고 있는 것일까
삼킴도 버림도 못하는 마음,
사람의 가슴통에서 흐르는 소리에만
귀 기울여 응답해 주는
오래된 사원이 있다

* 캄보디아 앙코르에 잇는 사원 중 하나
** 춤과 노래로 시바신을 기쁘게 한다는 무희

패러다이스 수족관

　잠이 덜 깬 채 발목이 잡혔나 봐 긴 수염 엔젤, 쏟아지는 형광빛 아래 엔젤 한 마리 사라졌어 검은 비파에게 쪽쪽 빨렸겠지

　키를 늘리지도 않았어
　조그맣게 웅크리고
　스윙에 길들이지 않았지
　태양을 보고 있니?
　패러다이스였어

　엔젤이 사라졌다고? 로마시대의 변기는 왜 열쇠모양일까? 버튼을 눌러봐 꿈은 시리즈야 어딘가 잠복해 있는 엔젤, 꿈을 취소하겠어 열쇠가 매달려 있겠지 마지막 꿈엔 재너두를 열 수 있을까?

　엔젤 보았니? 아니, 만났니?
　낡은 유리벽 도마뱀이 번쩍여
　날개 없는 엔젤 떨고 있니?
　열쇠를 꺼내 봐

〈

  파리똥나무가 보리수 꽃을 피워 올렸어 힐을 신고 왈츠 걸음으로 넌 가버렸지 패러다이스 너머로 무심한 서비스 쿠폰을 배달했어 재즈를 출까? 안녕

해파리

사냥이 시작되었다

와글와글, 투명한 UFO 습격
젤리 혀가 수면으로 떠오르고 있다

머리도 꼬리도 없이 모자를 쓴
심해의 진하디 진한 예감이다
유감이지만, 심호흡이 필요해
낙하산이 떠오르고 있어
우리가 습격당하고 있는가

짐작할 수 없는 모자는 너무 투명해
애송이들은 발자국 없이
물거품으로 남는 잔치들

푸딩으로 식욕을 채울 거야
이걸 폭설이라 불러도 될까
매일매일 바다 내음이 흘러나온다
〈

그래, 이 모자로도 난 족해
이 모자 때문에 아무도 날 좋아하지
않는다면 더더욱 잘된 일이지

투명해서 불온한 기록은
게토 같은 도시를 유영하고 있다

풀풀 눈이 날리고 있다
우산도 없이 머플러도 없이 촉수들은
퇴색된 넥타이처럼 창백하다

가벼워지는 구름모자를 쓰고
고스란히 낯설어지는 너의 생존법

네버랜드

어디라고 했지? 떠나고 싶다는 곳이?
제가 그랬나요?
바이칼호 근처였던 것 같은데
아, 몽골

넘쳐흐르는 칵테일을 마시던, 눈이 오지 않았더라면,
네버랜드에서 생맥주를 마셨을, 느지막한 시간이었다
몽골에는 왜 가고 싶어요?
그냥요, 끝없는 초원이 있잖아요
초원이 좋아요?

각자 창문 하나씩 차지하고 바람이 몰아가는 눈발을 보다가
하필 먼 길 온 날 날씨 참 하며 B는
흰 식탁보 귀퉁이를 구기고 있었고
나는 몽골이 아닌 보라카이가 더 나을지도 모른다고 생각하며
칵테일을 기울이고 있었다
〈

난 사실 초원도 호수도 그저 그래. 다 잠들어버렸어 북쪽은 움켜쥐어도 새어나가는 안개야 전엔 초원이 넓은 하늘공원을 혼자 걷는 것이 둥지를 벗어나는 새처럼 설레었는데, 이젠 새들이 떠나버린 자작나무 같아

    그날 나는 푸념을 털어내는 B와 몽골을 기억하는 D를 눈 속에 두고 홀로 돌아섰다
    하얀 발자국만 가득했다
    빛이 없는 동굴 속 오래된 벽화처럼

우리는 안데스를 떠난다

한 덩이 개미가 표류 중이다
붉은 가랑잎을 타고

물속에 잠긴 도시를
알을 움켜쥐고 떠나는 불개미들
돌아서서 굳은 혀로 무슨 말을 할까
서로의 다리로 깍지를 낀 가랑잎

물속으로 뛰어든 용기는
불 위 프라이팬으로 뛰어드는 낭패
무리수 위를
불타는 가랑잎이 떠내려가요
안데스, 소용없어요
안데스, 네 멋대로 하세요

당신은 홍수의 안데스를 본 적 있나요
당신은 오로지 당신으로 홍해를 건너보았나요
당신은 배가 되고 노가 되어 보았나요
〈

하찮은 오늘은 우리를 버렸고
우리는 우리만 안 됐다고 툴툴거렸고
하찮은 우리도 안녕의 시간

변심한 도시를 뚜벅뚜벅 걸어 나가고픈
우리에겐 알과 홍수와 불안과
오늘보다 조금 더 높거나 조금 덜 높은
수위의 안데스가 있었다

우리는 안데스 홍수를 건너고 있다

설마

가끔 당신 삶을 훔치는 자가 있다
방향을 착각하거나 잃어버린
골다공증 같은 전차를 타고 가는

계절이 바뀌듯 당신 바깥쪽으로 흐르는 심해에서 자체 발광하는 욕망들, 으뜸 관심사가 아니래도 선잠처럼 혼란스러운 배출구에서 눈동자를 제각기 움직이며 비스듬히 날아온 시선과 흔적을 낚아채는 카멜레온의 혓바닥은 가슴 조이는 문제를 풀어내는 방식일까 설마는 발뒤꿈치를 문다

방울방울 소문방울이 흩어지고 조바심이 내장된 소문이 터진다 궤도를 수정하는 수밖에, 상식은 받아들여지지 않고 꼬리 아홉 달린 변신술도 헛것이다 땀 한 방울 흘리지 않고 눈도 꿈쩍 않고 당신 발을 놓아주지 않는 마귀, 사뭇 동떨어진 연결고리도 쇠사슬로 엮어 매장하는 솜씨가 얕잡아볼 설마가 아니다

설마 뒤에는 으레 웅덩이,

탐욕스러운 미소를 흘리며
불쑥 나타난 당신이
舌魔?

부비부비 Book+ing

Hey! 당신과의 만남은 콩나물 물 주기예요
나를 적셔 내려간 물이 지층을 하나씩 새겨주어요
뿌리를 적시고 쑥쑥
2부는 1부의 속편이 아니네요

룰루랄라! 떠날 거야 조급해하지 말아요 한 뼘의 길이로 수만 리를 품으면서 적절한 무심함은 나를 키워요 들뜨지 말아요 디딤돌은 흔들리고 부서지고 흩어져요 갑갑한 안과 찜찜한 밖의 함수관계에 눈 감지 않을 거예요 낯선 귀울음이 기지개를 켜요 목소리가 겹치고 눈이 얼얼해요 마냥 흐르고 있죠 오디세우스의 항해처럼, 활자들의 꿈틀거림 활자들의 미로를

아하! 뭉툭한 촉수로 창문을 두드린 거예요 숨이 가빠오고 목마름을 곱씹어요 잠든 괴물의 꿈속, 감춰진 심장부를 찔러요 귀 기울여요 은밀한 대화가 안개나무에 주렁주렁 열리지요 넘쳐나는 따옴표를 따 먹어요 점묘의 난분분難紛紛, 상상마차를 타고 유쾌한 탈주극을 벌여요 날개 달린 것들의 미끄럼틀이지요

〈

　유레카! 뒤죽박죽 토성의 고리를 가로질러요 둥둥둥
둥! 낯설고 두려워요 먼지들이 펼쳐놓은 아수라장, 버
튼을 눌러요 두렵고 매혹적인 보이저호, 무거운 것들
은 가볍게 물구나무선다지요 까마귀가 까마귀가 아님
을 백조가 백조가 아님을 머무름과 벗어남을 버무려요

　부비부비! 그 경계에서 춤을 추지요
　당신의 선물을, 당신 아닌 이름 모를 당신에게
　한 움큼의 브리콜라주를

불시착 不時着

이젠 그럴 필요가 없어졌어
똑바로 흐르라고 강요할 맘이
강은 정말 고요했어
나뭇가지 사이로 물고기가 춤을 추고 있었어
꼼짝 않고 앉아 있었나 봐, 나무처럼,
강을 따라 오리들이 앉았다 날아갔고
주황나비 두 마리가
손에 앉을 뻔했지

새로운 높이에서 강을 바라봐
새삼 강이 얼마나 오래 버텨왔는지

팔베개를 해 줘
서울은 강에게 보이지 않는 속눈썹이지
비행기를 타고 사막을 건너가고 있었던가
강은 우리 앞을 구불구불 지나가고
활주로를 찾고 있었어
연료가 떨어졌거든
우리가 눈 깜짝할 새

꽁무니 빠지게 달아나는
끔찍한 꿈이었어
어둠 속을 위태롭게 더듬고 있었지
저 아래 오렌지빛 서울을 금방 통과할 거야

치터스*, 치토스

너는 치터스를 말하고 나는 치토스로 듣지

재빠르지 가면은 쓰지 않아
엽기와 선정을 버무린 매콤한 볼거리
껍질을 벗겨 연분홍 침실까지 공유하지
수다를 떨면서
이중의 홀로그램이 있는 카드도 치면서
무료한 시간을 달래는 간식
통점을 마비시키면 그뿐,
화학조미료면 어때

"딱 걸렸어"

의뢰인의 부리가
비릿한 실루엣을 모조리 쪼아 먹도록
유쾌한 발톱을 세우지
"언젠간 잡고 말 거야"

나는 치토스로 말하고 너는 치터스를 듣지

* 현장고발 사건을 다룬 미국 TV물

ADHD[*]

    그럼에도 나는 수영을 하고 내가 개헤엄을 치고 내가 엄마 뱃속에서만 수영했으면 하고 그래도 파도는 제멋대로 뻗어 나가고 그러자 낡은 배에 물이 스며들고 이따금 붉은 빛이 머릿속을 물들여 황홀해하고 질식한 자와 질식하지 않으려 허우적거리는 자로 나뉘고 결국 문제는 헤엄일 뿐이라고 유리병을 던져 구조를 요청하고 목소리는 거품으로 퍼지고 그러자 악보에 없는 엉뚱한 음이 나타나고 팔과 다리가 뒤범벅된 돌고래이고 초음파를 날리고 동심원을 펼치고 여러 생각이 분출한 불꽃놀이를 즐기고 산은 산이고 바다는 바다여야 한다지만 산이 파도를 치고 바다가 융기를 하고 태양이 높은 음자리표를 그렸을까 내시경이 바다를 관통하고 무호흡잠수를 한 자는 현기증과 거역할 수 없는 흐름에 시들지 않고 그러자 어두운 심연과 충동 사이 크레바스에 빠지고 난 이제 물결의 악보에 걸린 포로이고

    * Attention Deficit Hyperactivity Disorder : 주의력결핍과잉행동장애

체,

버려야 해?
당신의 가장무도회 속 얼굴을
체를 흔들고 있는, 내가

굵은 아첨들을 걸러내지
뒤죽박죽 가방 속
교통카드를 읽어내는 리더기처럼
걸러지지 않는 당신의 속셈
체 구멍만 세다 야광귀는
훔칠 생각을 잃어버렸다지

얼떨떨 쳇바퀴를 돌리고
살얼음판의 뒷걸음질, 그리고
이 모두 쉬쉬한 일
망할 놈의 숨겨진 눈들을 굴리고

살짝 냄새를 맡았을까?
바다로 바뀐
마음속 웅덩이가

단단히 꼬투리를 오므리고
피라미가 상어로 변하는
막무가내를
다시 생각해봐

과녁은 빗나가고
쏟아지는 속셈이
가볍게 숨통을 조여 오는

더 고운체로 바꿔야 할까 봐

물병과 대화하는 외톨씨

고글을 쓴 나는 게임 중
강남 한복판 고시원에 살고 있죠
다리엔 칼, 주머니엔 가스총

두려움 없이 싸워야 했고
그깟 불쯤 아무것도 아니에요
로또도 인형뽑기도
모두가 허탕이었어요
아우성치지 않아요
다만 폭발할 뿐이죠

종달새로 불리기도 하지요
당신의 귀만 열어두세요
물병은 내 주절거림에 흔들렸을까요?
단 한방이잖아요 나는
잡동사니, 그 일원이길 바랐죠

죄송해요
화가 불러온 화에

모두 괜찮아요?
제발 내겐 묻지 말아 주세요
생략과 주절거림은 나눔이 아니었죠
아니오, 라고 말했어야 했어요

이 한 번의 폭풍이
이 한 번의 호소가
날 집어삼킨 도시를 출렁이게 하는
언제나 끼워지지 않은
레고 한 조각이에요

Trapped

 끼이익, 어둠 한 자락 비집고 한 대의 자동차가 들어오고 비가 휘고

 자동차가 멈추고 사내와 i가 훤히 보이고 휘어진 비가 하염없이 노크를 하고

 핸들 잡은 사내의 흰 손에 연기가 피어오르고 뒷좌석엔 웅크린 i가 귀를 틀어막고

 고개를 뒤로 젖힌 사내는 눈썹을 씰룩거리고 와이퍼는 빗방울을 다 닦아내지 못하고 i가 동굴처럼 입을 벌리고

 자동차가 쭈욱, 어둠 한 자락 빨아들이고 고함은 들리지 않고 어둠이 슬어놓은 비가 자글거리고

2부

INTO

발아 發芽

  어떤 음표였어요 살금살금 기어 왔죠 안개가 스멀거렸고 머리카락이 쭈뼛 공기를 잡아당겼어요 시간을 타고 넘는 노래였던가요 한눈파는 사이 살며시 손을 내밀었죠 수많은 여린 눈들이 돋았어요 리듬을 흘려주었죠 입과 몸뚱이는 보이지 않았어요 흡반을 내밀었죠 (보이지 않는 징후를 읽어내기도 하지요) 굵은 줄기를 내 등에 펼쳐놓아요 (오감으로 나타내지 못한 육감이었을까요) 뾰족한 주둥이가 내 몸속으로 뻗어왔죠 (살아남기 위해 포옹으로 이루어진 씨앗은 되돌이표)

  내 몸은 여전히 수천 개의 초록 눈을 반짝이는

고양이 부에노스아이레스

　사막도 아니고 푸른 바다도 아닌 당신의 주머니 속에 웅크린, 방들이 빙빙 돌아요 아무도 읽어주지 않는 나의 노래는 알록달록 즐거워요 주머니에서 제멋대로 빠져나와 춤을 추는 부에노스아이레스, 탱고로 어우러지다 흩어지는 아침 공기 같은 이름의 고양이, 엉킨 스텝이 터널 속으로 빨려들어 출구를 찾는

　인샬라! 부에노스아이레스
　넌 몰라! 주머니 속의 고양이

　회오리바람을 일으키죠 검은 망막 안의 귀여운 유령 안녕? 보르헤스도 안녕? 끝없이 두 갈래로 갈라진 광마우스는 왼쪽으로만 구부러졌어요 당신은 보았나요? 내 이마에 늘어진 생선 비린내, 마흔세 개의 계단이 헬륨 풍선처럼 콩, 콩 튕겨 올랐죠

　인샬라! 검은 고양이
　속눈썹이 보풀 거리는 아지랑이
　퍼즐조각 햇살이 살고 있어요

사막을 횡단하는
코끼리의 다리가 어른거려요
재규어 가죽무늬에 쓰인 글자들
당신은 읽어보았나요?
그래도 난 고양일 뿐이죠

롤러코스터를 타는 오렌지 재킷

모든 것이 빠르게 사라져가요
당신을 향한 내 눈빛도
커튼에 가려진 창
시계를 보세요
째깍째깍 흔들흔들
위대한 길로 안내할 거예요
일어날 일들 말이에요
도시가 삼켜버린 발자국을 따라
잠들지 않은 커스터드
주크박스 옆 테이블에 앉았죠
오렌지색 재킷을 입고

달려가요 그리고
딩동, 아침식사를 할 거예요
얼음으로 뒤덮인 명왕성에서
은하수를 지나 좌회전하세요
물구나무를 서세요
시리우스별이 보여요
다들 춥다고 하는데 사실 견딜 만해요

홀로 먹는 토스트만큼이나요
롤러코스터를 타고 화성에 잠입할 거예요
괄약근 제일 깊숙한 곳으로
오렌지색 재킷은 벗어 던지지 않았죠
참, 흔들의자가 끄덕이고 있네요

난쟁이 이야기

모래가 부풀던 처음을 기억해?
그건 정말 콩깍지 속을
공룡이 날아다니던 때의 이야기

유리접시를 원했던 게 아니야 뒤통수가 가려웠어 매일 술을 마셔댔지 설레발이 요란했어 다시 머리를 맞대었어 쯧쯧 웬 어설픈 난쟁이들이람 긴 대롱에 애면글면 입김을 불었어 밤이면 키다리로 변했던가 낮이면 난쟁이로 구슬땀을 흘리곤 했지

어깨 들썩이는 난쟁이의 굵고 투명한 눈물 아무리 끓여도 끓지 않고 수증기로 사라지지 않고 식으면 단단한 덩어리가 되는 눈물의 방정식

유리가면도 만들고 샹들리에도 만들고 우주선유리창도 만들어 매일 부풀어 올랐지 이미 익룡이 사라진 뒤의 이야기 아기 난쟁이들 볼을 간질였어 불혹을 넘긴 스탠드 불빛에 오두막 허릿살만 부풀어 환해지기도 했어

〈
작고 둥근 키들은 아무것도 기억하지 못한 채
방바닥을 뒹굴고 있었지
참새가 방아를 찧는 그리고
콩깍지 터지던 어느 여름날

별 부럽지 않은 아멜리에를 위한 탱탱 레시피

거기서 시작된 건가요?
뽈랑 공원에서 만나기로 하지 않았나요?
2인용 자전거를 타기로 했죠
설레설레 젓지 않기로 해요
물 위로 금붕어가 떠올랐다고 징징대지 말아요
망원경으로 뛰어넘지 말기로 해요
윙윙거리는 곁에 귀를 곤두세워 봐요
떠나버린 인형이 엽서를 보냈어요
몸을 흔들어 킥킥 펀치를 날려요
배꼽 없는 용솟음이 치솟아 올라요
궤도에서 벗어난 밍크고래 한 마리
그물에 걸려 팔딱이고 있었죠
이 모든 햇살, 이 모든 차들
이백 킬로로 달리는 이 모든 주행
당당한 발걸음이 빙판에서 떼어내 줄 거예요
수그러들지 않는 피로, 소음이
날마다 복사기를 눌러요
고개를 15° 돌려 굴렁쇠를 굴려 봐요
우글우글 씨앗들이 메아리치고 있죠

물수제비뜨던 강가를 기억해요
주책없이 방망이질 치는 심장,
거기서 시작된 거죠?
우리 뽈랑 공원에서 만나기로 했잖아요

프리즘

빛이 폭발해
산산조각이 나요
꽃잎을 만지지 마세요
어둠행 티켓 거울이 있어요
왼손에 빨강 핸드폰
양파링으로 떠 있는 노랑 풍선
피크닉을 즐기는 고양이처럼 거드름을 피워요
여름정원은 재잘거리고 있어
너털웃음이 춤을 춰요

피노키오의 코처럼 늘어나는
나무의 초록 구레나룻
펼쳐진 주근깨에 돋보기를 들이대지 마세요
당신은 감염되고 있어

머그잔에 농담을 타먹으세요
물고기가 하품하는 파랑 모자
드럼소리는 잠들어
모퉁이 LG25시가 둥둥

끝없이 늘어나는 침대 어디에서 자를까요?

햇살이 잠수중인 검정 안경
감아올려 봐요
사방에 방사된 거미줄처럼
투명한 날 깨트려줘요
별 그림자는 그대로였어
1008번째 반달이 펼치다 꺼져갔던가요

휴일의 카프리스

파가니니의 선율이 흐르는
거실 그 거실 창밖으로 내리는 눈
아른아른 눈 속으로 백석의 시 몇 편 흘려보내는
아침 그 아침 얄궂게 찾아왔지
바이올린 두세 소절 눈 위에 반짝이는 오전

글자들이 쪼그라들었다 다시
커졌어 편두통은
눈 속에 가라앉아 버렸나 봐
폭설은 어스름을 데려오고
장거리 여행의
즉흥 휴게소, 목도리를 두른

말라깽이 여인이 모퉁이를 돌아가는
정오 그 정오가 한 옥타브 낮아진
바다 그 바다처럼 깊어진 한낮
어스름 속에 해초 내음으로 번져가는
24개의 무반주 카프리스[*], 백일몽으로
가볍게 흔들리는 오후 네 시

* caprices : 광상곡

아라베스크

 그 양탄자를 누가 거들떠나 보았겠어요? 양탄자가 하나 있었죠 날아다니지도 못하는 싱거운 이 도시에, 문양은 알록달록했어요 정신없이 오가는 사람들 시도 때도 없이 울리는 사이렌을 듣지 못했나요? 뻐꾸기 울음소리 포도 덩굴 온통 알 수 없는 것들뿐이에요 도시의 한 지점이 문양의 한 점과 일치하죠 끊임없이 되풀이되는 무늬들 이곳은 길을 잃기 쉽지요 따로따로 재빨리 눈에 담지 않으면 도시의 모든 것이 사라져요 자질구레한 암호를 풀어주기도 했어요 날개에 펼쳐진 수많은 눈 앗, 안개 끝으로 사라졌어요 굿판이 벌어지고 사물놀이패로 가득해요 가로등 불빛이 차가운 밤 양탄자는 불탔고 너무나 이상한 거울이었죠 도시와 양탄자, 발걸음은 눈 안에 묻혀 있고 지워진 것을 따라가요 어쩜, 뒤범벅된 얼룩일지도 모르겠어요 우리가 찾는 지도는 구불구불 이어진 길 불타버린 찌꺼기 지금 메아리로 보여요

잃어버린 고원

전원을 꺼버렸어요
과부하에서 벗어나기 위해
한때 팽팽한 줄다리기를 즐겼죠
탈출을 감행했어요
계곡 어디에서 기웃거려도
보이지 않는 공중요새도시로

당신이라면 뭘 하겠어요?
도망치는 걸 멈춰야 했고
게임에 뛰어들어야 했나요?
소금호수에 머리를 처박은 홍학처럼
게걸스럽진 않았을까요?

새로운 판초는 곧 닳아질 거예요
당신은 피사로처럼 강요했죠
그 묵직한 목소릴 감당할 수 없었거든요
홀연히 등 돌려놓고
마지막 콘도르의 날갯짓을 새겨놓아야 할까요?
〈

폐부에 한 방울씩 누적된
이 거대한 결핍증
만약을 마시고, 만약을 들먹이며
물주기만을 기다리다
말라 비틀어버린 옥수수는 아니었을까요?

왜소해진 나는
수만 장의 광고지로 휘날리었고
실바람도 드나들 수 없는
마추픽추 돌 틈에
잘려 나간 팔다리를 구겨 넣고 있죠

앵무조개

입술에 담아 줄까요?
뒤죽박죽 보금자리는
맨 안쪽이죠
돌돌 감긴 나선형 계단을 따라
내겐 35개의 방이 있어요

이것 참, 어쩌죠?
눈물방울을 얻을 수 있다고 해요
태어나지 않은 별들이 자라고 있어요
5억 년 동안이나 견뎌온
불꽃무늬 방들
날 지켜주는 보호막이죠

이제 아무도 찾지 않는 노틸러스호
부드러운 속살은
그래서 쓸쓸해요
잠수함을 타고 해저 2만 리를 떠돌았죠
별을 버릴 수 없었거든요
〈

어둠이 쌓이면
침묵을 길들였죠
산호초 널브러진 환상지대 끝
그놈 말이에요
매일 나를 조롱하던
물컹거리는 바닥에서
너울너울 올라오는 앵무조개

날 버린
나선형 불꽃무늬 방들, 지금
수족관 위에서 빈둥거리는

콘트라베이스

> 춤추는 하나의 별을 낳기 위해 자기
> 자신 속에 혼돈을 품고 있어야 한다
> —Nietzche

난 고래를 타고 있어
창문은 터널이었어

먼 곳의 소리를 줍고 있었어
지하철에 수감 중이었던가
한때 소리를 분수처럼 쏟아냈지
흩어지는 발자국, 그때 내 발장난은
리듬으로 수놓은 양탄자를 타고 있었어
잠은 한 잎의 파도를 타고 왔지

소라는 어떤 신호를 기다렸어
새우가 웅크리고 있었고
상어는 펌프질을 해댔지
비발디 해변에서 당신은 서핑을 즐기고 있었어
흑단상자 속 별들이 우글거렸어
만 미터 심해에서 뿜어 올렸지
코르크 마개가 터졌나 봐

허밍이 한 옥타브 낮게 튕겼지

파르르 레일이 떨렸어
탈출이 시작된 건가

등나무 요가

　산책을 나갔지요 집요한 봄바람이 목덜미를 잡더군요 등나무 그늘에 앉았어요 아카시아 향기가 층층 나부끼더군요 보랏빛 등꽃잎이 빗금처럼 흘러내렸어요 꼬마가 나를 가로질러 달려가요 한 번도 와보지 않은 공원에서 살바도르 달리의 치즈 시계처럼 늘어진 눈길은 백 미터 달리기를 해요

　　두 손을 무릎 위에 내려놓아요
　　숨을 북어배가 되도록 빨아들여요
　　갈치등이 배꼽에 닿도록 내쉬어요
　　무게가 잠적하는 시간

　　나비 거미 메뚜기 물고기 거북이 코브라 독수리
　　뒤틀기 늘리기 뽑아내기 접히기 흔들기 버팅기기
　　잃어버린 감각을 깨워요
　　시원으로 돌아가는 거죠
　　변신을 시도하는 시간
　　〈

햇살은 빛나요 촘촘한 그늘에 꽃들은 지고 초록의 단순함을 닮아가요 회중시계를 보며 달려가는 토끼는 잊어요 똑딱, 달아나는 악어도 잊어요 촉수로 느껴봐요 맞장구치며 그들의 변신에 빨려들어요 목소리가 사라져요 이제 우리 포옹해요

일요일 오후의 목련

발가락이 머리를 흔들어요
거침없이 뻗어 나가요
뱀처럼 자라나죠
오늘 다시 태어나요
그림자들은 매일 만나기로 했어요
오래전부터 발가락은 먼 곳을 바라봤죠
잠깐, 자일리톨 하나 주세요
당신이 없는 일요일은 바람이 가득해요
당신을 빼곤 아무것도 앉힐 수가 없네요
첫 주와 셋째 주 일요일에 수영장은 쉽니다
먼지가 꼬리를 달고 다녀요
발가락이 유턴을 했죠
오늘은 팔랑나비로 날아다녀요
당신은 목련으로 피어나죠
TV 속 블랙유머들이 거침없이 걸어오네요
그림자들은 밤을 끌고 가요
불빛에 끌린 발바닥은 젖어 있죠
멈추지 않을 거예요
이천 년 후 한낮으로 자라날 거예요
아, 그런데 내 그림자를 누가 삼켜버렸나요?

3부

ASIDE

C

  아마 C로 시작되는 음계는 너무 갸륵한 날개여서 詩들, 時들 연주는 혀끝에서 끊임없이 변주되어야 할 종족일지 모르지만

  언젠간 새들이 탱탱한 씨앗 물고 저 하늘을 항해하다 뿌려놓은 뭇별이 될지 모르지만

  때로 이 글자는 너무 가파른 울렁증이라서 이름 꼬리에 붙어 살랑거리다 삼류로 굴러 넘어지면 이 사이로 냉랭한 바람 풀어놓기도 하지

  7현을 튜닝하는 무심한 혓바닥, C, *괜히 나만 가지고 그래,*

피싱주의보

그것은 타이밍에 노련한
구름의 몫,
모두가 고래를 본 것은 아니다
달의 그림자를 본 것도 아니다
폭풍우는 일그러진 표정으로 나타나고
나는 먼 바다로부터
저기압을 표현할 수 있다

당신들은 구름을 낚았다 직선으로 쏟아지는 구름의 뼈를 낚고 있었다 비 오는 날 천 개의 눈이 깜빡였다 그녀는 자신의 혓바닥을 감추는 안경을 보았다 그는 달이 뿌린 백만 도서를 이해했다 우리는 십 년 전에 얼룩진 접시 위에 매달려 있었다 고래 같은 이야기를 집어넣기 위해 나침반을 찾았다

선글라스를 끼자
길쭉한 소나무가 사라졌고
구름이 나타났다
시야가 길어졌다

한 마디 예고도 없이
구름이 일제히 타올랐다
책갈피가 끊임없이 넘어가고 있었다

어쩌자고

봄 바라기 가는 길, 어쩌자고
Don't Worry, Be Happy가
귀를 달구고 있었구요
시베리아 한파 속 나무들은
웅크린 싹들에 뾰족뾰족 교육 중이네요
반쯤 꽁꽁 얼어붙은 한강에서
청둥오리는 엎치락뒤치락
이러니 혓바닥에 천둥이 치겠죠
앞 차량번호가 칠칠칠칠
온통 발자국을 흘리고 다니네요
당신은 깔끔할 것 같죠?
눈 깜빡하는 바로 그 찰나에도
몰래카메라가 발자국을 훔쳐보고 있을 거예요
七七이라는 조선의 화가 최북은
더러운 꼴 보기 싫어 자기 눈을 찔러버렸지만
서릿발 덮인 발만은 떼어 낼 수 없었죠
서울숲 회색 다리는 그물망 스타킹을 신고
우리의 이동을 지탱해 주고 있어요
팔랑이는 초록물고기로 그득할 거예요.

금비늘로 뒤덮인 백화점 주위에도
눈 감은 손가락들은 각기 다른 북쪽을 가리키네요
그럼에도, 회색 아스팔트에서
설렘으로 왁자지껄한 우리들,
혼돈氏의 술법을 어찌 간파할 수 있었겠어요

기억을 빼놓다

기억을 찾습니다
손발도 없이 눈코귀도 없이
까마득한 불덩이 과거별에서
끊임없이 별이 탄생하는 오리온자리로
시간여행을 하는 마라토너지요
그런데 아침마다 가물가물해요
어제 주차한 자동차를 찾느라 분주해요

창세기에는 조상의 이름이
줄줄이 암송되어 있어요
문자사용 이전부터
기억한다는 것은 즐거움이었다지요
지금까지의 나를 이어준 고리니까요

줄줄이 외우던 시들은 어디로 가버렸을까요
그리 읊어대던 수수께끼 게임은
가족들, 친구들의 전화번호도
우리 집 주소는
〈

요즘은 기억을 분산 투자해 놓죠
전화번호는 핸드폰에
조금 큰 기억은 USB에
또 약간은 인터넷에

내 가방은 커다란 여행가방
모조리 주워 담아
필요하면 그때그때 열어 확인하면 되죠
골치 아파요 지루하고 따분해요
뭐 하러 이것저것 외우나요

일체 완비된 초경량 슬림 몸매로
술술 풀어내는 휴대용 우주 기억 장치,
지금 뭘 하나 볼까요?
작은 시곗바늘이 아홉을 향해 달려가는데
자동차 열쇠가 보이지 않네요

틈나면 집 나가 돌아오지 않는 기억을 찾습니다

누가 벌새를 그렸나?

    9와 3/4 플랫폼을 찾았다고 해서 상상의 제국을 통과했다고 착각하지 마 눈부셔 마음속 불빛을 셔터로 눌러댔지 매일 똑같은 시간 같은 장소, 유리눈 하나 눈동자에 끼워 넣었어 그 정거장이 내 앞에 나타났거든

    매일 다른 각도로 부딪히는 태양 그 뒷길이었지 옥수수밭에 그려진 신호였을까? 잘 익은 앵두를 땄어 정원엔 여름이 오고 제멋대로 흘러갔지 겨울이 가고 우편배달부가 가져온 조바심은 흐물흐물했어

    수십억 마리의 하루살이가 뺨을 찰싹이는 잊힌 정거장에서 움푹 들어간 눈은 기차를 기다렸어 휴가도 없었지 처음 본 사진은 칡넝쿨과 등나무로 뒤엉켜 있었어

    시큰둥한 앨범이 갑자기 껴안았고 토네이도 기둥이 나타났어 두 번째 심장은 후렴구를 반복했고 발자국이 우르렁 거렸지 그것은 나스카의 벌새 부리 한 조각, 그 조각을 따라 거대한 벌새가 그려졌던 거야 안개 낀 내 평원에 80m 크기로

〈

 불쑥 쳐들어와 갈피를 잡을 수 없는 그 참을 수 없는 비망록 말이야 샌드위치 한 조각, 레모네이드 한 잔, 그리고 진실 1인분, 테이크 아웃 준비됐나요?

만일

변신의 시간이야
연둣빛 나비가 나타났어
비틀린 날개, 연약한 다리가
꼼지락거렸거든
입김을 불어 주었지
포플러 잎사귀처럼 움텄어
파리한 한 쪽 날개가 경련을 일으켰고
반쯤 펼치다
땡볕 아래 호박잎처럼 시들어버렸어

밀물 때 보이지 않던 암초가 나타나듯
손풍금처럼 늘어나다 줄어드는 시절이었지
만의 하나, 틈을 열어
눈앞에 나타나기를 기다렸을까

견디어내야 함을 기다리지 못한
섣부른 내 입김의 조바심은
휘장을 찢어 버렸지
날개에 그려진 풍경화를 볼 수 없었어

읽히기를 거부했던 레오나르도 다빈치의 비밀노트였고
너무 일러 이해받지 못한 에릭 사티의 음악이었어

만일은
어떤 해법도 존재할 수 없음을 증명해야 하는
오차 방정식을 푸는 시간이고
27년 4개월 16일의 기다림이며
끝나지 않는 일식을 견뎌야 하는
인큐베이터의 공간이야

기타 둥둥

등 터진 매미 얘기 들려줄까
모래알만큼 할 얘기가 너무 많아
지칠 줄 모르고 자지러지는 혓바닥 말이야
편애한 것들만 움푹 떠 누설하고
시치미를 꼬리표로 달아 놓았다지
마녀들의 불길한 재료들처럼,
그저 그런 서랍 속의 보물들처럼,
물웅덩이의 올챙이들처럼,
낙원이랬던가 이름을 알 수 없는 악기들처럼,
한없이 이어진 계단을 따라 올라가 봐 라벨의 볼레
로처럼,
무엇이라도 들어갈 수 있는 노아의 방주처럼,
가지마다 둥지를 매달고
무량수를 세는 잠의 부족들은
종종 하나 이상의 혀를 갖곤 했다지
기타 둥둥 기타 둥둥……
끝내 인어공주처럼
말줄임표를 띄워 놓았다지, 아마,

파스텔 하우스

  등대가 서 있는 수평선 위로 덩그러니 놓인 카페 하늘도 아니고 바다도 아닌 낮도 아니고 밤도 아닌 파스텔 회상이 물결치는 카페 그 카페가 물거품으로 출렁이고 휘감아 도는 모래바람에 지치지 아니 괜찮을 거야 파도가 삼켜 버린 네가 없는 지금은, 그리고 한동안은 웅성거렸어 붉은 구름이 너무 빠르거나 늦을 뿐이지 카페로 로그인하는 널 볼 수 없지만 네가 거기 있다는 걸 알아 물고기이고 새이며 파도인 네가 부메랑처럼 날아갔다 되돌아올 카페 난 눈물을 넌 안개를 닦으며 마주쳤던 카페 그 카페, 지금도 괜찮지 않겠지만

도도새는 어디로 갔을까

달콤한 크리스피 도넛을 먹어요
그림자를 앞서가거나 뒤따라가면서
낭만 없는 안락과 권태를 넘나들면서

어디쯤에서 앙코르를 외쳐야 할 것인가?
오일은 가득 채워져 있어
엑셀도 오른발 아래 있잖아
확신과 불안이 얼굴을 맞대고
달려가 보는 거야
이것 좀 봐! 이것 좀 봐!
너도 모르는 사이
No는 네 사전에 찾을 수 없지

넌 그저 소모품이야
가여운 날개로 무얼 하겠니?
세 발짝 물러서 있잖아
뒤뚱거리는 엉덩이에 폭발물을 매단 도도새야
네 다리로 걸어 다니다
뒷다리가 꼬리로 바뀐 고래가 아니잖니?

날개는 이미 그림자 파일일 뿐이야

왜 거들떠보지 않는 거니?
선사시대를 살았어
음흉주머니가 있는 동안
도도한 꼬리깃털을 세운 은둔자는
스스로 드러내고 만 거야

왜 청개구리 짓만 하는 거야, 날개는?
왜 약을 올리는 거야, 꽁지는?

8월의 다카포

I
끔찍이 좋아해
이름만 들어도 까무러치지
햇살은 일제사격을 날리고
능소화는 가곡을 노래하지
따끔거리는 눈꺼풀
되풀이되는 타령조에 귀를 묻고
툭, 떨어뜨리는 능소화

II
텅 빈 공원 고장 난 시소
바깥 세계로 가는 티켓이지
보이지 않는 반환점
붉은 혈관이 퍼진 맨드라미 혓바닥일까
너무 숨이 차
거북이 껍질을 뒤집어쓴 채 갸우뚱
먼지 속 코맹맹이는 거북해

III

한숨은 말이 닿지 못하는 곳까지 다다르지
맥락이 끊긴 여러 가닥의 생각이
나 자신이면서 동시에 다른 사람으로
유배시키기도 해
잡으려는 순간
한쪽 길에서 벗어나고
주름과 의문투성이로 맴도는
비포장도로

Ⅳ
잠, 잠, 온통 잠에 젖어 있어
소심증이 덜컹거리는
망각의 밀림지대
가려진다고 되는 건 아냐
뜨거운 피 냄새가 태양빛 속에 퍼져
마취제로 몰려오는 열기
번개는 부끄러운 줄 모르고
하늘의 지퍼를 열지
초록나무 아래 웃음 반, 불평 반

안절부절 달래곤 하지

V
능소화가 반짝, 하는 동안
타격을 가하는 달콤한 구름
팔월은 지쳤어
숨 막히는 열기와 먼지와 긴장감
꿈도 꾸지 못하게 퍼져가는,
엉덩이 밑에서 튕겨져 메아리치는 층계
윙 소리와 함께 미끄러졌지

숭어가 흐르는 식탁

　익사했으면 좋겠어요 삐그덕, 뾰족한 단어가 배 밑바닥을 긁고 있어요 햇살이 스며들고 송사리 떼가 잔물결을 일으켜요 먼저 당신을 읽어야 길이 보인다지요 내 신경이 바이올린 줄처럼 팽팽해요 송어가 숭어로 흔들리는 문장, 압축된 두통이 터져요 가벼운 나비 같은 거라구요 나비 날갯짓은 어지러워요 부글부글 끓는 멀미, 원한다면 밤새 팔딱거리라지요 폭포수가 넘쳐 급류를 타고 어디로 가는지 알 수 없고 나비의 날개는 무거워요 아니 이곳은 솔향 가득한 호수와 같아요 꼬리를 엉덩이에 바짝 붙이고 숨을 헐떡여요 종일 덤벙대고 있어요 조롱에 갇힌 날 보며 당신은 광대춤을 추고 있네요 송어가 벌떡 당신의 심장에 지느러미를 꽂아요 무지개 심장이 식탁 위에서 뛰고 있어요 당신의 무늬를 토막 내 꾹꾹 삼키고 있어요 20년 전 읽은 소설을 되씹고 있는 거죠 무지개 한 조각의 황홀이군요

이상한 U

U는 별난 발걸음을 가졌지 갑자기 거꾸로 도는 초침처럼

U가 보내온 한 장의 그림은 백만 광년 뒤 도착한 U의 얼굴이었어 후진을 하고는 제 그림자를 잃어버린,

포장지를 펼쳤어 악보가 그려진 머리카락이 떠다녔어 핀으로 묶기 어려운 얼굴이야

별들을 통과할 때 U의 모자에서 뿔이 피어올랐어 요술방망이를 던져버렸지 한 눈을 감아버렸어 눈썹이 무거운 도깨비였을까?

몸에 로프를 묶은 U가 옳은 쪽으로 돌다 웬 쪽으로 뒷걸음질을 해

변검*이 끝나고 다음 공연은 늘 긴장하는 오선지, 드디어 음표들로 사라지는 U
〈

우리는 여전히 친구일 수 없을까?

* 손을 대지 않고 얼굴의 가면을 계속 바꾸는 중극 경극

사마귀 변주곡

비로소 시작되는 물굽이
때로는 차분하게 때로는 격정적으로
끊임없이 흔들어대는 당랑권법

감추기 어려운 현란한 기교가
치명적인 방점을 찍는다

죽은 애인의 창자로 만든
악마의 현이라는 소문으로
떡하니 버티고 있는 수레바퀴

변신의 초대장을 받지 못한
무덤덤이 머뭇거림이
조금의 조금을 거쳐
떨림으로

뒷걸음질한다
빠져나갈 길 없는 올가미,
꼬챙이 같은 체구 치렁치렁한 머리

매부리코와 광대뼈의 파가니니
숫사마귀를 잡아먹는 시건방진 바이올린 현과의
짝짓기에서 터지는 분화산

어떤가요?(何如?)

알랑거리는
체셔캣의 미소로
혈관 속을 떠도는
버마재비의 연미복

시간의 사슬에 덤벼드는
수레바퀴 앞의 우쭐거림이
물음표로 되살아나는

석 달 동안 고기 맛을 몰랐다*

* 공자가 제(齊)나라에 머무를 때 순임금의 소(韶) 음악을 듣고 얼마나 열중했는지 세 달 동안 고기 맛을 몰랐다함

4부

OUTSIDE

전어가 돌아왔다

　트럭에 실려 물빛 환한 전어가 왔다 모자를 눌러쓴 젊은 여자의 손이 능숙하게 파닥이는 불빛 하나를 도마 위에 건져 올린다 전어의 몸통에서 불빛이 떨어져 나간다 칼날이 전어가 살아왔던 생의 한 지점을 통과한다 머리를 바구니에 던지고 내장을 끄집어내고 마른 행주가 바다를 닦아간다 접시 위 전어들이 V자로 달을 가로지르는 가을 기러기들 같다 운전석에도 주위에도 남자는 없다 집 나간 며느리도 돌아오게 한다는 가을전어, 나는 살며시 남편 손을 잡는다 도무지 알 수 없는 깜깜한 시간들 건너, 몸통도 없이 전어는 아가미를 할딱거리며 바구니를 뛰어넘는다

스푼 여자
−The Spoon Woman, 1926, 브론즈, 56″, 자코메티

수백만 개의 모래가 귀띔을 했지
물 위를 사뿐히 걷는 건
알루미늄 햇살이라고

손을 내밀자 갈대 포크가 다가왔어 파도가 감아가는 덩굴마다 소라고둥 속으로 메아리쳤지 얼어붙은 말들 주렁주렁 캡슐이 부서졌어

출발선은 같았으나 엇박자에
모두 흩어져버렸다는 귀가 막힌 이야기

얼음장에선 꽁무니를 뺄 수 없어 겨울잠에서 깨어나지 않았지 넌 철탑 꼭대기에 앉아 피차 서로의 이야기에 귀를 막고서 오우 젠장, 미주알고주알 딱딱 딱총을 발사하고 로또복권은 꽝하고 로켓이 터졌지 시침 뚝 떼고 눈물은 스푼 밖으로 나가지 않지

맙소사, 미주알고주알
덜컹이는 귓속에서 부스스 떨어지는 말들

〈

  찢긴 지도를 펼쳤어 물고기들도 멀미를 할까? 동대문구엔 동대문이 없지 뛰어도 제자리걸음만 하는 강철 신 버클이 반짝이네

  천근 무게에 가쁜 숨을 몰아쉬지
  스푼 슬픈 여자

에이다[*]

　어떻게 환한 청어 떼가 걸어 나올 수 있겠니? 바다가 술래잡기를 한 거야 지느러미를 다른 쪽으로 돌려 괜찮아 눈동자가 쏟아질 거야 고장 난 피아노 뚜껑 속 그네가 춤을 출 거야

　모래가 스르르 빠져나가고 불빛이 모퉁이를 걸어오고 눈 깜빡임만으로 부르는 노래가 고막을 두드리고

　목소리가 가라앉았다고? 뚜껑 닫힌 혓바닥 하지만 원했던 건 아니야 네 귀에 내 눈시울을 매달아 봐 느껴지지 않아? 새끼손가락이 해를 가렸거든 여섯 살 이후로 눈이 얼얼 증발해버린 말들 네가 누르는 페달에 눈동자는 떨고 있어

　쪼그라든 동굴 속을 배회하던 새들이 풍향계를 돌리고 달팽이 궁전을 돌아온 파. 도. 손가락 끝에서 튀어 오르고

　층층이 쌓여 수백만 마디로 달려오는 말들

떨어진다, 손가락이
에이다

* Ada : 영화 '피아노'의 주인공

쫄깃한 알고리즘을 빚다

　가로등이 윙윙거려요 날개를 접은 박쥐는 세이렌의 노래를 흘리죠 투명한 잉크로 쓰인 난 부풀어 흘러넘치죠 **빽빽**이 늘어선 시간 안에 제 자리를 잡지 못해요 끝이 보이지 않는 기차는 모든 좌석이 매진됐거든요 내 눈은 두 개의 선로가 있는 시간 속을 가로지르고 있어요 사실 그건 꽤 냉담한

　쌍둥이어요 갈팡질팡 발꿈치를 들고 막다른 골목에 갇혔어요 등 뒤 유리가면이 눈먼 선로를 찾아요 손을 둥글게 모아 쌍안경으로 살피죠 이건 비밀인데요 해진 비늘을 막 벗어던진 도마뱀은 엉덩이를 거들먹거리구요 해파리들이 달음박질치고 코끼리가 지붕 위를 헤엄쳐 다녀요 지루해요 쉿! 발효의 냄새로 찌들어가는

　버섯구름을 보세요 팡파르가 울려 퍼지죠 통행로는 덜커덩거려요 모래시계를 뒤집죠 회오리바람에 빨려 밤기차가 가파른 길을 미끄러져 달려가요 수백 개의 변주가 반복되는 별들 어떻게 범람을 감당하나요? 브레이크를 밟았죠 눈꺼풀 아래 불꽃이 그을음을 피어 올리고

〈
　우주로 곤두박질치다 다시 눈꺼풀 그늘 속으로 기차는 피투성이 가죽을 가르고 되돌아오는

푸른 행성의 아이들[*]

+

키 큰 아이가 키 작은 아이를 향해 귀 기울이고 있지만
키 작은 아이가 미소를 짓고 있지만
키 큰 아이가 키 작은 아이에게 귓속말을 흘려보내고 있지만
보스니아의 아이들 등 뒤 컨테이너 바리게이트가 있다
총탄 입술들이 녹물을 흘리고 있지만

−

칠판 앞 두 남자아이가 있지만
왼쪽 아이는 고개를 왼쪽으로 돌려 미소 짓고 있지만
오른쪽 아이는 몸을 오른쪽으로 돌려 웃고 있지만
카불 B지구 초등학교 칠판에 총탄 벌집이 있다
열심히 공부하면 꿈은 이루어진다는 글이 적혀 있지만

×

병원 하얀 벽에 두 개의 그림이 있지만
톰이 제리를 잡으러 뛰어오고 있지만

도널드가 한 손으로 모자를 들어 인사를 하며 걸어
오고 있지만
바그다드 병원 철제 침대 속 한 아이가 누워 있다
톰과 도널드가 아픈 아이를 위로하고 있지만

÷

어려운 일도 아니에요 천국이 없다고 상상해 봐요
지옥이 없고 오직 하늘만 있다고 상상해 봐요 종교가
없는 세상을 상상해 봐요 소유가 없다고 상상해 봐요
국가가 없다고 상상해 봐요 난 몽상가이지만 하려고
만 한다면[**]
존 레넌이 귓속을 후벼 파고 있었다

[*] 사진작가 성남훈의 포토를 보고
[**] John Lennon의 Imagine 변용

유리 도시

오리무중이었다
소문이 거리를 휩쓸었다
수군과 웅성이 뒤섞인
그림자가 술렁거렸다

서로에게 시선이 부딪치고 되돌아온 시선으로 자신의 처지를 가늠했다 까마귀는 검기를 비둘기는 희기를 바랬다 손에는 총이 입에는 담배가 있었다 안개 뒤 이슬이 내걸리듯 촘촘한 그물망에 눈동자가 설치되었다 유리 렌즈는 일거수일투족을 생중계하고 있었다 평온은 곧 막을 올릴 것이다

움직임은 미행당했고 줄줄이 기록되었으며 요원들은 발버둥치고 있었다 으름장은 우리를 흔들어 놓았다 침대 속으로 머리를 깊숙이 파묻었을 때조차 떨었다 꼬리를 감춘 이웃, 골칫거리를 떠넘겼다고 한숨을 내쉬었다

촉각이 흘러내리고 있었다

고삐를 되찾았을 땐 이미 늦었다
조롱은 장난감을 올려놓고 흔들고 있었다
투명함이란 가는 줄 하나로 지탱하고 있었고 우리는
그 줄 위에 춤을 추고 있는 줄광대였다

남해에 갈까요

난 눈을 감고 있어요
남해에 갈까요
이러면 어떨까요
발자국을 따라 조금만 가다 조금만
환해지기로 해요 내 모두를 던져

괜찮네요
천 일 동안 가만히 부둥켜안고 있을까요
3번 국도를 따라 미끄러지는 거예요
서로에게 사과할 일 없어요
모두를 단단히 집어삼키는 거예요

우리가 말끔해지기보다 모호해지기 위해
열거할 수 없는 부분에 대해
적도의 열기로 묶어두면 안 되겠죠

물건리에서 조금 버리고
미조항에서 약간 버려요
〈

멸치회를 먹을까요
남해는 딱이네요
갈치조림도 좋겠죠

당신은 여전히 눈을 감고 있어요

하늘과 바다와 금산의 틈새에
보이지 않는 울음을 낳아요
얄팍한 웃음은 보이지 말기로 해요
너무 많은 그 무언가를 접어둘

보리암에 갈까요
조금만 더 그렇게 있고 싶어요
내 오른 손바닥을
당신의 오른 손바닥이 감싸 안고

하리수 되기

그 성을 훔치고 싶다면
꿈을 꾸면 된다

난 반역자였을까
그냥 주인이었을까
드레스도 없는데 자꾸 문이 열리는 성

천 날의 하루, 천 밤들 중의 한 밤
넥타이를 매는
물푸레나무 푸른 불꽃
성으로 가는 길은 몸을 거슬러 가야 한다

천 개의 기억들은 여인숙일까
저 눈들에 맞춰 춤추고 싶지 않다
해답은 거대한 수수께끼
성을 이루고 있는 모든

감시를 벗어난 그 시각, 난
당신의 반대편에 서 있다

나는 나에 대해 알지 못한다
두 번째 날갯짓이
출발점이 될 수 있다는 걸

그렇지 않나? 신성한 마스터키 씨!

그 여름의 Toccata & Fugue

    난 모른다 늦은 오후의 뜨거운 태양과 짧고 불안한 그녀의 웃음, 요리를 하고 청소를 해주어도 그녀는 우리와 별개야 축축한 분홍빛 손, 그저 눈을 감는다 조그만 신발 속으로 쏙 사라지는 분홍빛 통통한 다리

    보트를 타러 갔고 그녀의 무릎 사이에 누이가 앉고 내 노 젓는 모습이 누이에겐 까꿍 놀이이고 누이가 나를 보고 웃네 강은 잔잔하고 웃음소리가 어디로도 퍼지지 않고 지난여름과 함께 타버린 노오란 해, 노 젓는 소리도 들리지 않고

    얏호! 올여름이 얼마나 좋았던지 그녀가 손가락으로 허공을 찌르고 넌 내일부터 학교에 가는 거야 웃기네 죽은 공기 속으로 쿵쿵 여름 동안의 온갖 추억을 곱씹다가 웃음은 영영 그치지 않을 것 같고 나는 노를 놓치네 고함과 낄낄이 보트 주위에 고이고

    이제 웃음을 멈추고 싶어 누이가 울기 시작하고 그게 우스워 그녀는 낮고 짓눌린 납웃음을 뱉어내고 웃

음파편이 곧장 강물로 뛰어들고 분홍빛 두툼한 팔과
얼굴이 경련하고 배 한 귀퉁이로 쓰러지고

 누이를 넘어뜨리고 보트가 뒤집히고 돌 같은 웃음소
리가 귓가를 스치고 물 위로 그들을 부르네 그녀의 웃
음소리가 여전히 맴돌고 물속으로 그들을 부르네 지
는 해가 수면 위 노란 점으로 산산이 흩어지고

 눈이 절로 감기고 엄마가 들어와 불을 끄네 물결에
떠내려가고 엄마가 들어와 불을 끄네 노란 점은 강 속
으로 가라앉고 나는 천천히 검은 물속을 헤엄쳐가네

추어탕 끓이는 저녁

그들은 부담 없이
내게 오리발을 내밉니다

웃음은 다 어디로 사라졌을까요?

요리를 잘하던 옆집 여자는
맛깔나게
가족들과 여행하며 식사하며
번개가 하고 우물거렸습니다

다시 귀가를 서두른 날
쿵쾅쿵쾅
드디어 해가 번쩍일 거라 여겼고
내 가슴에 번개가 쳤나 봐

웃음은 다 어디로 숨었을까요?

숨김없이
캄캄한 가슴을 빙어처럼 내보이며

남편과 아내는
그 웃음을 저녁으로 끓였습니다

진흙탕 속의 번개들
정말로 캄캄한 웃음은 지들끼리 모여 지글거린대

밈, 뻐꾸기주의

*시계가 딸꾹소리를 냈지
목요일을 훔쳤어 아니 수요일이겠지
무슨 꿍꿍이를 피우는 거야
스낵코너에 앉아 라면발을 삼키고 있었지*

도토리 안에 한 왕국 있습니다 빨간 호리가슴개미 나라 까만개미 한 마리 나타났습니다 까만개미가 빨간개미 나라 암호를 배웠지요

*당신을 향한 화살표를 뒤에서 쏘았지
식어버린 가슴을 소독해야 할까 봐
골목은 뿌리가 없이 부글대지
스카이라운지로 오를까?*

까만개미는 빨간개미여왕의 방까지 잠입했습니다 까만개미여왕이 묘약으로 세례를 줍니다 빨간개미여왕은 신기루, 어디로 갔나? 까만개미여왕만이 알고 있습니다 몽롱한 빨간개미들은 멍텅구리 까만개미 알들을 보살핍니다 머지않아 까만개미들만 북적대겠지요

까만개미여왕 만세!

정은 치명적인 독이야
뒤통수를 지웠어
이마 위에도 발아래에도
태양은 있어

바람이 참나무 꼬리를 잡고 흔듭니다 빨간개미왕국이 사라졌습니다 별이 못 박힌 뒤엔 우리들의 축제지요 일만 개의 아이들 웃음소리가 신나게 떠들고 있습니다 딴딴한 도토리껍질 어느 틈새로

중환자 대기실

　어떤 처음은 내가 원치 않아도 다음으로 이어진다 이어짐 속으로 나를 밀어 넣는 것은 무엇일까 파렴치하든 제멋대로이든 상관없이 녹신녹신하다 행복도 불행도 윤곽이 뿌옇다 내 안에 갇혀 있었고 나에게서 내동댕이쳐졌다 그곳에도 속하지 않고 이곳에서도 멀어져간다 견디지도 놓아주지도 못하는 어떤 보물을 손아귀에 쥐고서 숨결 속의 어지러운 그네를 타고 있다 텅 빈 대기실에서 배고픈 입으로 오늘도 지푸라기 같은 내 모든 감정의 한복판을 베어 문다 풀 죽은 우쭐함은 슬프게 하고 다음 기회가 올 때까지 자신을 잘게 잘라 치매 걸린 악어처럼 게걸스럽게 먹어 치운다 감정은 널을 뛰었고 추락과 비굴함에 길들고 으뜸이 없는 버금을 살고 있다 뇌 속에는 밤낮으로 붕붕거리는 아코디언 외에는 아무것도 들어 있지 않다 아코디언의 늑골에는 허름하고 집요하고 은밀하고 혐오스럽고 잘 잊히지도 쉽게 용서하지도 않으며 닳아도 새것인 기류가 있다 언젠가, 어디선가, 누군가에게 가 닿을 주인 없이 떠도는 파란만장의 파동이

시소 see-saw

떠는 전화벨과 전화벨을 쫓는 눈동자
파도소리가 흘러나왔다 / 종이 울렸다

풍금이 소리치는 교실과 걸상이 누운 교실
바다가 넘실거렸다 / 문이 열렸다

날아간 풍금소리와 다가오는 나무 그림자
아픈 창들이 햇살을 삼키고 있었다 / 커튼을 밀쳤다

밀려온 바람과 흩어지는 머리카락
모래 위 발자국을 지우고 있었다 / 복도를 걸었다

들썩이는 모래와 운동장을 밀고 가는 축구공
파문이 떠나고 있었다 / 운동장에 서 있었다

머리 위에서 갈매기가 맴돌고 있었다
문과 문을 따라 자라나는 담,
담을 뛰어넘은 고양이 앞발과 붙잡힌 뒷발 사이
태양 한 점, 기우뚱거리는

이카루스의 추락*

태양은 어디서나 환하지
아니 꼭 그렇지만도 않은
일요일이야
가야 할 목적지는 자동차를 급히 끌어당기고
줄 선 사람들은 극장으로 빨려 들어가고
아이를 태운 롤러블레이드는 미끄러지고 있던가
나는 노상카페에서 파리지엔느처럼 커피를 마시지
커피 잔 안,
이글거리는 머나먼 한 구석
커피콩을 따던 아이가 일사병으로 쓰러지고 있어

* 브뢰겔(Pieter Bruegel 1526~1569 네델란드)의 그림

■□ 해설

'음악'으로서의 '시', '시'로서의 '음악'을 찾아서
— 안수아의 시 세계

권온(문학평론가, 문학박사)

'시가(詩歌)'라는 말이 있다. '시'와 '노래'를 아우르는, '시'와 '음악'을 아우르는 표현이다. 언제부턴가 '시'는 '노래'를 잃어버리고, '음악'을 상실한 채 홀로 떠돌아다니는 경우가 많아졌다. '리듬감'이나 '음악성'에 관한 탐구나 고민이 생략된 말의 덩어리들이 거창한 문학상을 휩쓰는 난처한 상황이 우리 주위에서 심심찮게 발생하기도 한다.

도대체 어디서부터 이런 오류들이 아무렇지도 않게 발생하게 된 걸까? 아마도 작금의 이러한 불편한 사태는 학계

(學界)와 시단(詩壇)과 문단(文壇)을 점령한 일군의 고급 독자들 곧 시인, 작가, 교수, 평론가 등에게서 비롯되었을 가능성이 높다. 물론 이 글을 쓰고 있는 필자 역시 예외는 아닐 테다.

다행스럽게도 이 글은 '노래'를 포기하지 않는 '시', '음악'과의 조화를 꿈꾸는 '시'를 이 자리에서 독자들에게 소개하려고 한다. 안수아의 첫 시집 『롤러코스터를 타는 오렌지 재킷』에 담긴 시들을 읽는 일은 '현대시'의 새로운 지향점을 확인하는 작업과 다르지 않다. 시인이 펼치는 '언어'와 '음악'의 공존은 우리 시대의 시가 나아가야 할 유의미한 도전인 셈이다. 「설마」, 「휴일의 카프리스」, 「피싱주의보」, 「중환자 대기실」, 「유리 도시」, 「시소see-saw」 등의 시편을 중심으로 안수아의 시 세계를 확인해 보자.

> 가끔 당신 삶을 훔치는 자가 있다
> 방향을 착각하거나 잃어버린
> 골다공증 같은 전차를 타고 가는
>
> 계절이 바뀌듯 당신 바깥쪽으로 흐르는 심해에서 자체 발광하는 욕망들, 으뜸 관심사가 아니래도 선잠처럼

혼란스러운 배출구에서 눈동자를 제각기 움직이며 비스듬히 날아온 시선과 흔적을 낚아채는 카멜레온의 혓바닥은 가슴 조이는 문제를 풀어내는 방식일까 설마는 발뒤꿈치를 문다

　　방울방울 소문방울이 흩어지고 조바심이 내장된 소문이 터진다 궤도를 수정하는 수밖에, 상식은 받아들여지지 않고 꼬리 아홉 달린 변신술도 헛것이다 땀 한 방울 흘리지 않고 눈도 끔쩍 않고 당신 발을 놓아주지 않는 마귀, 사뭇 동떨어진 연결고리도 쇠사슬로 엮어 매장하는 솜씨가 얕잡아볼 설마가 아니다

　　설마 뒤에는 으레 웅덩이,
　　탐욕스러운 미소를 흘리며
　　불쑥 나타난 당신이
　　舌魔?

　　　　　　　　　　　　　　—「설마」 전문

　　시인(詩人)에게는 본디 언어를 잘 다루는 재능이 필요하다. 이 시는 안수아의 시인으로서의 재능을 적절하게 보

여준다. 그녀가 여기에서 주목하는 대상은 '당신'이다. 안수아가 '당신'을 부각하는 방법은 '설마'의 활용과 무관하지 않다. '그럴 리는 없겠지만'이라는 의미를 담은 부사 '설마'는 부정적인 추측을 강조할 때 쓰인다.

시인은 전4연으로 구성된 이 작품에서 '설마'를 5회 사용한다. 곧 제목에 1회, 2연에 1회, 3연에 1회 그리고 4연에 2회 '설마'가 등장한다. 2연의 "설마는 발뒤꿈치를 문다"를 보면 '설마'가 부사의 용법을 벗어나고 있음을 알 수 있다. 여기에서 '설마'는 '동물'을 포함한 명사에 어울린다고 판단할 수 있다. '설마'가 대신하는 동물의 자리에 가까운 거리에 위치한 '카멜레온'을 넣는 일도 가능할 테다. 3연의 "얕잡아볼 설마가 아니다"에서도 '설마'는 명사를 포함한 체언에 가깝다고 평가할 수 있다. 문맥을 감안할 때 '설마'의 정체를 '마귀'로 추정하는 일도 불가능한 것만은 아니다.

'설마'를 활용한 이 시의 클라이맥스는 4연에서 찾을 수 있다. 안수아는 1행에서 "설마 뒤에는 으레 웅덩이,"라는 어구를 사용함으로써 '물'과 관련된 어떤 대상으로서의 '설마'를 암시한다. 4행은 2행~3행과 연결하여 이해할 수 있으니 "탐욕스러운 미소를 흘리며/ 불쑥 나타난 당신이/ 舌魔?"라는 진술은 압도적인 에너지를 뿜어낸다. '舌魔(설마)'는 '혀'와 '마귀'를 아우른 표현이다. 시인은 '당신'의 정체성을 '혀'와 '마귀'의 조합에서 찾고 있다. 이상하고 신비한 힘을 지닌 말을 생산하고 창조하는 대상이 '당신'이라면, '당신'은 '시인'일 수 있다. 이 시는 안수아 시인 자신을 향한 메시지일 수도 있다.

> 파가니니의 선율이 흐르는
> 거실 그 거실 창밖으로 내리는 눈
> 아른아른 눈 속으로 백석의 시 몇 편 흘려보내는
> 아침 그 아침 얄궂게 찾아왔지
> 바이올린 두세 소절 눈 위에 반짝이는 오전
>
> 글자들이 쪼그라들었다 다시
> 커졌어 편두통은
> 눈 속에 가라앉아 버렸나 봐
> 폭설은 어스름을 데려오고
> 장거리 여행의
> 즉흥 휴게소, 목도리를 두른
> 〈

말라깽이 여인이 모퉁이를 돌아가는

정오 그 정오가 한 옥타브 낮아진

바다 그 바다처럼 깊어진 한낮

어스름 속에 해초 내음으로 번져가는

24개의 무반주 카프리스, 백일몽으로

가볍게 흔들리는 오후 네 시

— 「휴일의 카프리스」 전문

 이 시를 읽는 독자들은 안수아가 설정한 특유의 분위기에 스며들게 된다. 1연이 포착한 시간인 '아침' 또는 '오전'은 그리고 그 시간과 어울리는 공간은 심각한 예술의 분위기와 완벽한 조화를 이룬다. 거기에는 '음악'과 '시'가 있다. 음악을 대표하는 '파가니니'는 정열적으로 '바이올린'을 연주한다. 시를 대표하는 '백석'은 실내 공간으로서의 '거실'과 외부 공간에서 움직이는 대상으로서의 '눈'을 연결한다. 그의 대표작 중 하나인 「나와 나타샤와 흰 당나귀」 같은 시는 파가니니의 바이올린 연주와 어우러지면서 1연을 예술적인 시공(時空)으로 이끈다.

 작품의 제목에 노출된 '카프리스(caprice)'는 광상곡(狂想曲) 곧 일정한 형식에 구속되지 아니하고 자유로운 요소가 강한 기악곡을 의미한다. 안수아는 '카프리스'와 '휴일'을 결합하여 시의 주제를 설정하였다. 1연의 '아침' 또는 '오전'은 3연에 이르러 '정오' 또는 '한낮'으로 연결되고 마침내 '오후 네 시'에 도달한다. 시인은 휴일의 시간을 유동적으로 구획하면서 '광기(狂氣)'에 가까운 '자유'를 구현한다. "24개의 무반주 카프리스"는 파가니니의 음악인 동시에 영혼의 자유로운 '장거리 여행'일 수 있다.

    그것은 타이밍에 노련한
    구름의 몫,
    모두가 고래를 본 것은 아니다
    달의 그림자를 본 것도 아니다
    폭풍우는 일그러진 표정으로 나타나고
    나는 먼 바다로부터
    저기압을 표현할 수 있다

    당신들은 구름을 낚았다 직선으로 쏟아지는 구름의 뼈를 낚고 있었다 비 오는 날 천 개의 눈이 깜빡였다 그녀는 자신의 혓바닥을 감추는 안경을 보았다 그는 달이 뿌린 백만 도서를 이해했다 우리는 십 년 전에 얼룩진 접

시 위에 매달려 있었다 고래 같은 이야기를 집어 넣기 위
해 나침반을 찾았다

선글라스를 끼자
길쭉한 소나무가 사라졌고
구름이 나타났다
시야가 길어졌다
한 마디 예고도 없이
구름이 일제히 타올랐다
책갈피가 끊임없이 넘어가고 있었다

— 「피싱 주의보」 전문

'피싱 주의보'라는 제목을 달고 있는 이 시에서 '피싱'은 두 가지 가능성으로 독자들에게 다가선다. 첫 번째 가능성은 '피싱(fishing)'이다. 1연의 어휘 곧 '구름', '고래', '폭풍우', '먼 바다', '저기압'을 읽으며 '피싱(fishing)'을 떠올리는 일은 자연스럽다. 2연의 진술 곧 "구름을 낚았다", "구름의 뼈를 낚고 있었다"를 읽으며 '피싱(fishing)'을 생각하는 일은 자연스럽다.

두 번째 가능성은 '피싱(phishing)'이다. 안수아가 '고

래'와 같은 물고기를 낚는다는 표현을 선택했다면 이 시는 '피싱(fishing)'에 온전히 집중했을 테지만, 시인은 '구름'이나 '구름의 뼈'를 낚는다고 진술함으로써 '피싱(phishing)'으로의 가능성을 열어 놓았다. "천 개의 눈이 깜빡였다", "자신의 혓바닥을 감추는 안경", "고래 같은 이야기" 등 2연의 표현과 3연의 진술에서 우리는 '피싱(phishing)'의 은유적인 형상화를 확인한다. 안수아는 여기에서 '피싱(fishing)'과 '피싱(phishing)'을 아우르는 감각적인 언어 운용을 보임으로써 말의 장인(匠人)으로서의 시인의 면모를 유감없이 발휘하였다.

어떤 처음은 내가 원치 않아도 다음으로 이어진다 이어짐 속으로 나를 밀어 넣는 것은 무엇일까 파렴치하든 제멋대로이든 상관없이 녹신녹신하다 행복도 불행도 윤곽이 뿌옇다 내 안에 갇혀 있었고 나에게서 내동댕이쳐졌다 그곳에도 속하지 않고 이곳에서도 멀어져간다 견디지도 놓아주지도 못하는 어떤 보물을 손아귀에 쥐고서 숨결 속의 어지러운 그네를 타고 있다 텅 빈 대기실에서 배고픈 입으로 오늘도 지푸라기 같은 내 모든 감정의 한복판을 베어 문다 풀 죽은 우쭐함은 슬프게 하고 다음 기회가 올 때까지 자신을 잘게 잘라 치매 걸린 악어처럼 게걸스럽게 먹어 치운다 감정은 널을 뛰었고 추락과 비굴함에 길들고 으뜸이 없는 버금을 살고 있다 뇌 속에는 밤낮으로 붕붕거리는 아코디언 외에는 아무것도 들어 있지 않다 아코디언의 늑골에는 허름하고 집요하고 은밀하고 혐오스럽고 잘 잊히지도 쉽게 용서하지도 않으며 닳아도 새것인 기류가 있다 언젠가, 어디선가, 누군가에게가 닿을 주인 없이 떠도는 파란만장의 파동이

―「중환자 대기실」 전문

산문시의 형식으로 전개되는 이 작품을 읽는다는 것은 "주인 없이 떠도는 파란만장의 파동"과 조우하는 일일 수 있다. 이 시에는 예측할 수 없는 파동이 있고 가늠할 수 없는 흐름이 있다. 어쩌면 그러한 파동 또는 흐름은 자유에 가까운 것일지도 모른다. "어떤 처음은 내가 원치 않아도 다음으로 이어진다"라는 진술을 읽으며 독자들은 '처음'과 '다음'의 관계에 대해서 생각할 수 있을 테다. 시적 화자 '나'의 욕망이나 의지와 무관하게 '처음'은 '다음'으로 연결된다. '나'는 자신을 '처음'에서 '다음'으로의 "이어짐 속으로", "밀어 넣는", '무엇'이 궁금하다. '무엇'의 이름으

로 '운명'이나 '숙명', '신(神)'이나 '절대자'를 선택해도 좋을까?

 '이어짐'이 지속된다는 사실이 중요하다. '처음'이 '다음'으로, '다음'은 그 다음으로, '이어짐'이 끝없이 계속될 것이라는 믿음이 탄생한다. 그러한 '이어짐'의 방향이 '행복'을 가리킬 것인지 '불행'으로 귀결될 것인지는 알 수 없다. "행복도 불행도 윤곽이 뿐"연 상황에서, "그곳에도 속하지 않고 이곳에서도 멀어져"가는 정황에서 '나'는 다만 나아갈 뿐이고, 이동할 뿐이며, 이어질 뿐이다.

 안수아는 여기에서 '텅 빈 대기실'을, '중환자 대기실'을 형상화한다. 그곳은 "내 모든 감정의 한복판"일 수 있다. 누군가를 절실히 기다리던 체험을 떠올려 보자. 누군가를 기다리다 그와 함께, 그녀와 더불어 안전한 공간으로 무사히 회귀하는 상상을 해 본 적이 있는가? "밤낮으로 붕붕거리는 아코디언"처럼, 시작도 끝도 없는 피아졸라(Astor Piazzolla)의 반도네온(Bandoneon) 연주처럼 독자들은 다만 이 시의 리듬에 빠져들 뿐이다.

 오리무중이었다
 소문이 거리를 휩쓸었다

수군과 웅성이 뒤섞인

그림자가 술렁거렸다

서로에게 시선이 부딪치고 되돌아온 시선으로 자신의 처지를 가늠했다 까마귀는 검기를 비둘기는 희기를 바랬다 손에는 총이 입에는 담배가 있었다 안개 뒤 이슬이 내 걸리듯 촘촘한 그물망에 눈동자가 설치되었다 유리 렌즈는 일거수일투족을 생중계하고 있었다 평온은 곧 막을 올릴 것이다

움직임은 미행당했고 줄줄이 기록되었으며 요원들은 발버둥치고 있었다 으름장은 우리를 흔들어 놓았다 침대 속으로 머리를 깊숙이 파묻었을 때조차 떨었다 꼬리를 감춘 이웃, 골칫거리를 떠넘겼다고 한숨을 내쉬었다

촉각이 흘러내리고 있었다

고삐를 되찾았을 땐 이미 늦었다

조롱은 장난감을 올려놓고 흔들고 있었다

투명함이란 가는 줄 하나로 지탱하고 있었고 우리는

그 줄 위에 춤을 추고 있는 줄광대였다

─「유리 도시」 전문

  이것은 '우리'를 위한 시이다. 이 시를 읽는 누구라도 '우리'가 될 수 있음은 물론이다. '우리'가 머물고 있는 '거리'를 알 수 없는 '소문'이 휩쓸고 있다. '우리'는 '유리 도시'에 거주한다. 그곳은 '그림자'처럼 "술렁거"리고, 안개처럼 흔들린다. '우리'를 구성하는 '나'와 '너', 또는 '나'와 '당신'은 언제나 '자신'과 '서로' 사이에서 가까워졌다가 멀어지기를 반복한다. '우리'는 마치 '까마귀'와 '비둘기'가 되어서 '검정'과 '하양' 사이에서 끊임없이 움직인다.
  '우리'는 '요원들'에게 "미행당했고 줄줄이 기록되었"다. "유리 렌즈는", '우리'의 "일거수일투족을 생중계하고 있었"던 것이다. 그런 미행과 기록 그리고 '으름장' 앞에서 '우리'의 '촉각'은 한낮의 아이스크림처럼 "흘러내리고 있었다" '투명함'이라는 이름의 '조롱' 앞에서 '우리'는 스스로의 본질을 깨닫게 되었다. '줄 하나'에 의지하여 "춤을 추고 있는 줄광대"라는 '우리'의 정체성은 현대사회를 살아가는 현대인들에게 깊은 충격과 울림으로 다가올 테다. '우리'는 유리 도시에서 주춤주춤 서성거리며 하루하루를

버티는 '장남감' 또는 '마리오네트(marionette)'인 걸까?

떠는 전화벨과 전화벨을 쫓는 눈동자

파도소리가 흘러나왔다

종이 울렸다

풍금이 소리치는 교실과 걸상이 누운 교실

바다가 넘실거렸다

문이 열렸다

날아간 풍금소리와 다가오는 나무 그림자

아픈 창들이 햇살을 삼키고 있었다

커튼을 밀쳤다

밀려온 바람과 흩어지는 머리카락

모래 위 발자국을 지우고 있었다

복도를 걸었다

들썩이는 모래와 운동장을 밀고 가는 축구공

파문이 떠나고 있었다

운동장에 서 있었다

머리 위에서 갈매기가 맴돌고 있었다
문과 문을 따라 자라나는 담,
담을 뛰어넘은 고양이 앞발과 붙잡힌 뒷발 사이
태양 한 점, 기우뚱거리는

— 「시소see-saw」 전문

　예측 가능한 행로를 걸어가는 일은 따분할 수 있다. 따분함을 넘어서는 활력이 내재하는 시가 있다면 그 시를 매력적인 작품으로 평가하는 일은 타당하다. 이 시는 신선한 활력을 지속적으로 불어넣는다는 점에서 매력적이다. 안수아는 여기에서 두 개의 계열을 적절하게 활용함으로써 독자가 따분함의 웅덩이에 빠질 가능성을 방지한다. 시인이 활용하는 하나의 계열은 '학교'와 관련된다. '종', '풍금', '교실', '걸상', '문', '창틀', '커튼', '복도', '모래', '운동장', '축구공', '담' 등의 어휘는 '학교'를 아련하면서도 풍성하게 쌓아올린다. 그녀가 사용하는 다른 하나의 계열은 '자연'과 연결된다. '파도소리', '바다', '나무 그림자', '햇살', '바람', '모래', '갈매기', '고양이', '태양' 등의 어휘는

'자연'을 은은하면서도 넉넉하게 퍼뜨린다.

안수아가 여기에서 준비한 '학교' 계열 어휘와 '자연' 계열 어휘는 각각 '씨실'과 '날실'이 되어 이 시를 멋진 '퀼트(quilt)'로 만든다. '시소(seesaw)'의 양쪽 끝이 서로 오르락내리락하며 자연스럽게 넘나들 듯이, '학교'와 '자연'은 서로의 영역을 자연스럽게 교차하면서 이 시를 완벽에 가까운 '미(美)'의 공간으로 조성한다. 시인은 '학교'라는 이름의 '인공(人工)' 건축물과 '자연'이 투명한 조화를 이루는 이상향을 형상화하였다. '바다가 보이는 교실'에서 그녀가 발산하는 '시소의 감정'에 기꺼이 동참할 독자들이 적지 않을 게다.

안수아의 첫 시집 『롤러코스터를 타는 오렌지 재킷』을 주요 작품들을 중심으로 살펴었다. 「설마」는 언어를 다루는 그녀의 재능을 풍성하게 보여준다. 이 작품은 '설마'라는 단어를 5회 활용하면서 '당신'의 확장 가능성을 열어 놓았다는 점에서 기억할 만한 시이다. 「휴일의 카프리스」는 '음악'과 '시'의 결합을 시도한다. 독자들은 이 시를 읽으며 예술적인 시간과 공간을 감각적으로 경험할 수 있다. 시인은 「피싱주의보」에서 '피싱(fishing)'과 '피싱(phishing)'을 동시에 아우르는 언어 운용을 보임으로써 말의 장인으로서의 면모를 확립하였다.

「중환자 대기실」은 산문시의 형식으로 전개되는데, 예측할 수 없는 이 시의 파동은 자유에 가까울 수 있다. 독자들은 아코디언처럼, 반도네온처럼 흐르는 리듬에 빠져들면서 음악으로서의 시를 경험할 테다. 「유리 도시」는 '우리'를 위한 시이다. 안수아의 진단처럼 투명하게 노출된 현대사회에서 살아가는 '우리'는 위태로운 줄 위에서 춤추는 '장난감' 또는 '줄광대'일지도 모를 일이다. 「시소 see-saw」는 신선한 활력을 지속적으로 불어넣는 매력적인 시이다. '학교'와 '자연'이라는 두 개의 서로 다른 영역을 자연스럽게 교차하면서 아름다운 이상향을 조성한 시인의 노고에 고마움을 전한다.

로맹 롤랑(Romain Rolland)은 언젠가 "나에게 음악은 가장 흥미진진한 시이다.(Music for me is the best exciting poetry.)"라고 이야기한 바 있다. 오랜 기간 동안 소설을 비롯한 다양한 글을 쓴 프랑스 작가 로맹 롤랑에게 '음악'은 최고 수준의 '시'로 받아들여졌던 것 같다. 또한 마야 안젤루(Maya Angelou)에 따르면 "시는 인간의 목소리를 위해 쓴 음악이다.(Poetry is music written for the human voice.)" 오랜 시간 동안 시를 비롯한 다양한 글을 쓴 미국 작가 마야 안젤루는 '시'를 인간에게 주어진 최상의 '음악'으로 이해한 것일까? 인간이 자신의 목소리로 시를 읽는 일은 가장 아름다운 음악에 가까울 수 있다는 메시지로 이해할 수도 있을 테다. 위대한 작가와 시인이 이야기하듯이 진정한 '음악'은 '시'에 다가서고, 진정한 '시'는 '음악'과 하나가 된다. 우리가 안수아의 시집을 읽어야 하는 이유도 여기에 있을 것이다.